죽마고우

강우식 시인은 1941년 강원도 주문진에서 출생하여 1966년《현대문학》으로 등단했다. 시집으로 『사행시초』(1974), 『사행시초 · 2』(2015), 『마추픽추』(2014), 『바이칼』(2019), 『백야白夜』(2020), 『시학교수』(2021) 등이 있다. 성균관대학교 시학교수로 정년퇴임했다.

리토피아포에지 · 129
죽마고우

인쇄 2022. 2. 10 발행 2022. 2. 15
지은이 강우식 펴낸이 정기옥
펴낸곳 리토피아
출판등록 2006. 6. 15. 제2006-12호
주소 21315 인천광역시 부평구 평천로255번길 13, 903호
전화 032-883-5356 전송 032-891-5356
홈페이지 www.litopia21.com 전자우편 litopia999@naver.com
ISBN-978-89-6412-161-0 03810

값 10,000원

· 후원 : 경기도 경기문화재단 경기도, 경기문화재단

강우식 시집

죽마고우

LITERATURE & UTOPIA

지은이로부터 · 1

가만히 생각해 보니
죽음만이 죽마고우가 아니라
詩도 죽마고우였다.

이승에서 배운 게
마음도둑질이라고
시를 팔아 입에 풀칠해 왔다.

그러면서도 늘 시쟁이라고
손가락질만 받아왔으니
걸어온 발이 부끄럽다.

하지만 어쩔 수 없다.
죽으나 사나 저승에 가서도
시를 쓰겠다는 일념뿐이다.

2022년 2월 봄을 기다리며

水兄散人 강우식

지은이로부터 · 2

길이 없는 길을 가야 한다.
불알 두 쪽 차고
시 동냥하던 杜甫가 따로 없다.
赤手空拳 빈손이다.
이승에서 다녔던
시에는 座標가 없다.
내가 가야할 별까지의
멀고 먼 航路를
竹馬故友여 좀 가리켜 달라.
밤이어도 별은 있어
이승은 캄캄해도
노래하던 꿈은 빛난다.
시쟁이의 간판에 배인 먹칠이
아직도 희미하게 보인다.

2022년 눈이 잠깐 오다 멈춘 2월에

강詩人 우식老翁

차례

2부 즐거운 비명

1부 詩의 커튼을 걷으며

가슴

심장에 여러 가지 이름이 많이 붙는 것은
그만큼 쓰임이 많고 요긴해서다
태아 때부터 어머니가 들은 박동의 내 심장소리.
그 감격의 피돌기로 나는 뼈를 굳히며
한그루의 나무가 되는 심정으로 자랐다.
심장은 나무처럼 기다리는 염원으로 자란다.
기다린다는 것은 참는다는 것이다.
살아가려고 참고 참다가 울 때는
세상 물바다가 되도록 우는 고동이 되고.
서리 내리는 가을이면 우수수 떨구는
눈물도 마르는 낙엽으로 떨어진다.
흰 눈이 내리는 겨울이면
봄 같은 여자를 기다리는 마음으로 큰다.
그러다 보면 잠시 한때이지만 초록 잎 돋고
메트로놈처럼 심장의 추가 흔들리며 세월도 가겠지.
온갖 감고 신산 다 보고 겪으며 나이테도 매듭지겠지.
때로는 분노하고 좌절하고 스스로를 달래며
쉴 새 없이, 가슴으로 고동치며 살아가겠지.

객수客愁

성도 이름도 모르는 여자와
가슴을 맞대고 잡니다.
낯설은 여자여서 더 좋습니다.
부둣거리의 가로등들이
비린내를 풍기며 하나둘씩
올가슴처럼 點燈됩니다.
살갗이 봄날처럼 따듯합니다.
동백꽃에 바다가 물듭니다.
여자는 바다가 되어 출렁입니다.
아예 파도를 가져와
세상사 구구절절한 사연일랑
비록 하룻밤이더라도
왕창 뒤집어엎어 버립니다.

고향 바다

아내는 나하고는 살 비비며 살만큼 살았으니
이제는 혼자 있고 싶다며
십 오륙년 전에 주소를 고향 바다로 이전했다.
오늘은 분가한 그 바다 앞에서 어디선가
'여보 나 여기 있어요.' 하며 어제이련 듯
물속에서 맑은 얼굴을 쏘옥 내밀 것 같아
행여나 하는 심사로 속 터지도록
안동답답히 하염없이 서 기다린다.
그사이 얼마나 보고 싶었는지
만나면 마음속에 두고 못 피웠던
'사랑해'란 말 한마디 간절히 하고 싶어
여태도, 여직까지도 기다린다.

구름

쳐다보기만 하는, 하늘에서 떨어지지 않는
구름은 우리집 외양간의 황소가
한 바가지씩 뭉치로 내지른 배설물 같다.
그 속에 쇠똥벌레 있어서인지
그래도 쇠똥처럼 정이 간다.
스무 살 무렵에는 구름의 들러리 되어
한없는 낭만에 젖기도 하고
때로는 격정의 핵폭탄과
터너이도로 회오리치게 했던 구름.
나는 한갓 구름의 주변머리였을 뿐.
이미 옛 노래가 되었다.
그래도 스프링코트의 구름 곁에 머물러
비밀번호나 만지작거리며 살고 싶다.
아기의 소피자락 같이
촉촉이 새는 봄비에 보슬하게 젖고 싶다.
들녘의 풀잎들은 파릇파릇이 손을 들고
세례를 받는 신생아 되는 초록 싹들의
구름 냄새나 맡으며 흐르고 싶다.

그네

아마 이 땅의 여자라면
모두 그네를 한 번씩 타본
경력이 있을 것이다.
향단이는 오월 춘풍 이불자락 같은
치맛자락을 나풀대며
온몸이 간지러워
공연히 온몸이 설레어
춘향이도 내 모르노라 밀어내고
지가 먼저 나서 저 푸르른 창공까지
밀어 당기며 치솟는 그네줄을 잡았다.
밀물 썰물의 사랑줄을 잡았다.
향단이만이 아니라
제 한 몸 추스르기에 이골이 난
이 땅의 처녀들의 속내에는
나중에 시집가 신랑에게
밤일도 들락낙락
우등생이 되고 싶은 욕심도 있나 보다.

그늘 한 조각

한 여름 폭염은 내리는 햇살로
팽팽한 긴장 속의 고요인데 사람들은
그늘 한 조각만 있어도 물처럼 찾아든다.
나무는 그늘을 드리워 그 사위가
마치 고승이 가부좌하고 도에든 듯 적막한데
부산한 사람들이 끼어들어 그늘이 제 것인 양
철없는 매미소리처럼
여름이 가거나 말거나 소란하다.
나무는 자신보다는 사람을 위해 덕을 쌓고
알건 모르건 개의치 안고
사람들은 자기가 만들지도 않은 그늘을
하루해가 지기 전에 다 쓰자며
조용한 데 와서는 조용할 줄 모르고
보자기 헤치듯 너무 마구 쓴다.

길

내 가는 길이 저물어 헤맬세라
이름에 심을 식植자를 넣어
어느새 나무 한 그루 심어놨던가.
무심한 듯 서 있는
소나무는 매사에 무관심으로 비춰도
무심이 계절에 순응하며
동서남북 가지로 자라고 있다.
그 무심으로 가는 방향이
어디인지 짐작할 수 있었다.
어느 때인가 살아가다 거짓말처럼
그 길 끝이 보이지 않게 까마득해지면
하늘에 점 찍어둔 별 하나 찾아
나의 길을 가리라.

꽃

꽃이 시들어
자주 내다버리면서도
무슨 꽃이던 하루라도 더
왠지 버리기가 싫다.
꽃이, 꽃이 아닌 적이 있더냐.
피어서는 어여쁘지 않은 꽃이 있더냐.
키우고 기른 정인지 모르지만
벼꽃도 농부에겐 예쁘다.
시들어 버리더라도
내가 곱다고 여기던 때를
떠올리고 잠시나마 두었다가
아쉽게 버리자.

나무

나무들은 스스로
수명의 긴 순환 줄을 안다.
봄꽃도 질 때면 우수수,
떨잎도 갈바람에 꽃잎으로 흩날렸다.
가졌던 것에 애착이 없는 것은
빨리 지면 초록생명도
열매도 빨리 싹트고 맺는
세세년년을 살기 때문이다.

나의 사랑

일생 여자 때문에 수십 편의
사랑에 대한 시를 썼지만
사랑은 영원한 것이 없는지
다 다르게 다가왔다.
어떤 때는 한국형 대형 LNG선처럼
오대양 육대주를 누비는 배였다가
가진 것 내놓으라고 하면
정말이지 빈 털털이
누구도 거들떠 안보는 알거지 같은
허무의 밑바닥이었다.
그래도 사랑은 누가
눈에 불을 켜고
또 하나의 누구를 지키고 있어도
안하고 못하는 것보다
눈깔사탕처럼 달라붙는 게 좋았다.

나의 시

시가 사랑이라면 나의 시는 기적처럼
혁명을 외치기보다는
푸르른 바다를 노래하려 한다.
그곳에 애달픈 내 사랑이
아가미로 숨 쉬고 있어서다.
아내는 죽어서도 나와 떨어지지 않고
고향바다에서 숨 쉬고 있을 거라는
내 시적 상상력이 그녀를 수장水葬케 했다.
아내가 저승 사람 되기 전이지만
작고한 소설가 송지영이
82년 세모에 내게 써준 붓글씨
시유동성덕불고詩有同聲德不孤.
'덕은 외롭지 않다.' 라는 공자님의 말씀 뒤에는
'반드시 이웃이 있다.' 는 필유인必有隣이 따랐는데
아마 송지영 영감이 내게 준 것은
고맙게도 내 시를 좋아하던 아내를 비롯한
이웃이 있으니 열심히 쓰라는 덕담으로 여겨
내 시 쓰기는 여태껏 잘 이어오나 보다.

노잣돈

제발 내 곁을 떠나지 말라고
길 떠나는데 이것저것 쓰라고
남들도 다 주는
그까짓 노잣돈 몇 푼 된다고
땡전 한 닢도 안 주었다.
평소에 나 몰래 꼬불쳐 둔 돈 있었나?
그래도 저승길 떠났다.
나를 얼마나 야박한 사람이라 여겼을까.
설한풍 날리는 계절은 눈앞인데
오돌돌 추운데, 추운데…
먼 길은 잘 갔을까?
그래서 떠난 사람보다 마음이 더 춥다.

눈물 · 1

젊었을 때는 한 끼 가난이
너무 어려워서
어떡하든 무너지지 않으려고
눈물을 비치지 않고 견디려 했다.
가정을 꾸리고서도
아내가 끼니 없어 슬퍼 울려 하면
싫은 낯빛을 보였다.
이럭저럭 눈물을 말려가며
일생을 살았는데
늙어 기력이 떨어지고 모든 것이 메말라
시 몇 줄 쓰려 하니
시에 필요한 눈물조차 없구나.
꽃잎에 맺히는 이슬방울도 외면하고
독하게 살았으니
나는 시인도 아니라는 얘기다.

눈물 · 2

이승을 하직할 날이 얼마 남지 않은
아쉬움은 결코 아닌 데
요즈음 눈물을 너무 자주 흘린다.
사람으로 태어나지 않았으면
지난 인생을 어이 떠올려보며
풀잎 같은 작은 일 하나라도
감동을 느낄 수 있었으랴.
그저 견뎌온 목숨이 고마울 뿐이다.
살아서 눈물이지
결코 죽으면 못 흘릴 눈물이다.

뉴스

뉴스가 끊임없이
이야기꺼리를 만들어준다.
듣고 그렇구나 깨닫는다.
내가 알고 더 들을 것이 없으면
귀 멀고 입 닫은 벙어리가 된다.
뉴스에서 실마리를 풀던
내 사랑도 끝이다.
모든 것이 단절된다.
슬픔조차도 먹먹해진다.
가짜 뉴스라는 것이 있듯이
기왕에 있을 바엔
세상이 모두 속을 필요가 없는
가짜로 도배됐으면 한다.
그러면 가짜에 대한 면역력도 생기리라.

늦가을

배추포기들은
밑둥치가 만삭된
임산부의 배 같고

단풍잎은
아직도 그녀를 못 잊는
연서戀書되어 수줍다.

들녘엔 입김처럼
차고 하얗게 쓸리는
늦서리

먼 산만 바라보는
첫눈은
이제나 저제나 종무소식.

달력

사람마다 가진 휴대폰에도
일월을 시시때때로 알려준다고는 하지만
마지막 한 장의 달력을 떼기보다
새 달력을 구해 걸려고 나름 분주한 세모다.
달력은 중독성 인이 배인 습관이다.
날이 가는 줄 모르고 사는 나 같은 위인에겐
한해 계획을 메모해 둘 데가
마땅치 않아 일 년이 불편하다.
사는 세월의 나날들이 어떻게 살았는지
기억이 안 돼 무의미해질 때가 많다.
그 달력이 갈수록 필요한 사람이 없어서인지
예전에 조그마한 답례품으로 만들던 것들이
요즈음엔 구해 달기도 힘들다.
직장도 끊기고 만나는 사람도 드물고
세상인심 조석변이라고
달력 한 장에도 조석변이 왔구나.
그렇더라도 나는 명색이 시인이니까 위안이 되는
무한동력의 휘영청 달이 밝지 않은가

데모

데모가 만병통치약이냐
무슨 일만 있으면 데모나 해대는
이 나라는 세계에서
제일로 시끄러운 데모나라다.
불순한 목적을 이루려는
선전 선동이 다 가짜 집회 같다.
여직도 혁명인지 아닌지 모르는
도저히 감이 안서는 촛불혁명보다는
차라리 해를 따라 다니는
얼굴 같은 모가지 같은
해바라기나 뎅겅 잘라 흔들자.
자라는 어린 것들 본뜰까 걱정인
이 땅의 데모여. 굳이 하려거든
꽃같이 피었다가 사그라지듯이
차라리 무언의 시위나 해보자.

도연명 국화주

산국화 향기에 끌려
꽃을 따 술을 담았다.
허한 몸에 술이 들어가니
세상이 돌고
천지가 국화향이구나.
빈한한 서생에게
이 가을 하루를
하늘을 우러르는
고담준론高談峻論이 아니더라도
눠와 같이
한 잔 술잔을 나눌 이 없이
혼자 노래하며 위로하노니
낙엽 한 장 떨어지면
천지가 다 아는 가을이
쓸쓸히 이렇게 저물어가는구나.

땅

땅이 있어 산이 치솟고 나무들은 자라고
강물은 흐르고 물속에 고기들이 뛰고
하늘에 유유히 나르는 독수리도 볼 수 있나니.
땅을 딛고 땅을 믿고 매일 매일 살아가면서
한 번도 땅이 있어 고맙고 감사하다는
마음을 가져본 적이 없다.
땅이란 누구의 것이든
딛고 있고 걸어가고 있으면 되는 것 아닌가.
굳이 내 땅이어야만 하는가.
내가 그리 생각하고 내게 땅이 있어
진심으로 고맙게 여겨왔다.
그 믿을 수 있었던 흙과 땅을 어느새
사람들이 믿을 수 없는 땅으로 만들었다.
아주 어릴 때 읽었던 소설 '흙' 의
그 내용이 무엇인지도 잊은지 오랜데
강남 땅값이 전국의 땅값이 되어
마치 갈등이 삼각관계의 연적戀敵이 되어버렸다.

때문에

죽어도 좋다던 옛사랑이
때문에, 때문에 입만 열면
그놈의 코로나 때문에 무서워서
언택트 하잔다. 때문에 라는
탓, 핑계거리가 마음이 짠하다.
안 만나고 안 보면 인지상정으로
있던 정도 멀어지니까
그러면 헤어지는 수밖에 없지.
그 말끝에 세상없는 돌림병이 창궐해도
산 사람이 내일 당장 죽어 나가더라도
움직일 動해야지
어이 꼼작 없이
방구석 귀신이 되느냐고 해주었다.
요즈음은 유튜브가 대세이니까
내 말도 좋으면 구독 싫으면 거부.
구독 거부 하려해도 아무 것도 없네.
그러니까 詩지.

똥 화두

맞은편 사내가 똥 광을 치다
그만 설사를 하고 말았다.
그 똥만 설사 안했으면
깨끗이 대박이 나는 건데
여간 억울하지 않아
똥 설사라고 비명을 지른다.
어디 똥 싸지 않은 사람도 있나?
상대편 사내가
재빨리 한 무더기 똥을 치우면서
고승의 화두처럼 뱉으니
쌀 때 싸야지요. 아무데나 싸면 안 되지요
대차게 되받는다.
똥도 싸기 나름. 갖가지다.

마늘

아내에게 벗기라고 하니
위아래 가릴 거 없이
기다렸다는 듯이
말이 떨어지기 무섭게
홀라당 잘도 벗깁니다.

마누라 마늘 좀 까 보지 하니
윤기 나는 알몸이 되도록
핸섬보이 옥동자처럼
반질반질 매끈하게 깝니다.
우리 내외는 같이 벗기고 깝니다.

가난한 살림살이에
돈 안 들고 심심하면
마음 풀 놀거리 뭐 있나요.
사랑이 얼마나 매운지
알싸하게 눈물 젖는
마늘 향기가 납니다.

마련 나름

수많은 마을과 풍경들을 스치면서
종착역에 도착했습니다.
그런데 끝이 시작이고 시작이 끝인
또 저기까지의 목숨역의 끝은 어디입니까.
누군가 지금 순간 종착역에 가려고
간절히 찾아 헤매는 이도 있으리라.
그런 사람에게는 인생을 심기일전하여
새롭게 출발하는 시발역이 되었으면 합니다.
인생은 마음먹기 마련이고
이름 지어 살아가기 나름이 아닌가요.
그러다 흐지부지 끝장나버리는
누구나 다 아는 인생.

마음

늬가 저지른 죄를 아느냐.
주워 담고 싶어도 다 엎질러진 물이다.
어찌할 수 없는 물을
그냥 놔 둘 것이 아니라 깨끗이 훔치고
다시 담으려는 것이 사람 마음이다.
마음으로는 담을 수 있으니까.
그 마음이 있어 사람으로 산다.

마테호른

신이 대지를 일으켜 세운 산도 장관이지만
나는 호수의 거울에 비친 산의 모습에 넋을 잃는다.
천사도 함몰하고야 말 나르시즘.

매미

장마 비 그치자
시도 때도 연애 편지질하던 총각처럼
물컹물컹 물 울음 쏟던 매미가
삼복 가뭄에 다 불임인지
일자 기척도 없이
올여름이 너무 메마르게 간다.
올 때 오고 갈 때 가고
울 때 울어야 매미지.
너무 울어서 울음소리에
짜증이 나더라도
제발 좀 울어보렴. 맴매하기 전에.

면역

내 몸에 자신도 모르는 사이에
코로나 백신을 맞고도 이길 수 있는
면역체가 생겨 있다는 사실이 놀라웠다.
열이 오를까 말까
연애도 아닌데 열관리에 신경이 쓰인다.
살아가는 하루하루가 신비하다.
더러 백신으로 죽는 이도 많은데
이러다 죽음도 면역이 되어 안 죽으면 어쩌나.
죽을 때 안 죽을까봐 골치가 아파진다.
시 쓴다고 농담도 못하나.

모과

못났다고 천시를 받으며 살아왔어도
돌덩이 같은 심지로 내색도 하지 않는
아무도 못 따라 갈 너만의 죽음의 시를 가졌구나.
스스로 아끼며 나름 소중히
구박덩이의 초록을 키워온 아버지 같다.
죽음의 문턱에까지 갔어도
모두가 그 가진 생을 놓지 않으려 하는
세상인데 죽으면 그 풍기는 악취로
모두가 코를 막아야 되는 육신인데
미이라처럼 서서히 썩지 않으면서도 썩는
겉과 속이 다른 내색 없는 아버지같이
죽음조차도 한 발 다가가고 싶은
식물성의 마술 같은 향기를 가졌구나.

몸이 집이다

나는 철근처럼 내 뼈로 기초를 세우고
살로 시멘트 외벽처럼 내 몸을 만들어
두 발로는 걷거나 뛰어
움직이는 단독주택을 만들었다.
몸이 집이고 자동차다. 몸으로 다 된다.
자동 네비게이터도 있어
자율 주행과 위험 요소도 피하며
두 팔로는 아무데나 휘젓고 다니는
인지능력이 있는 집을 만들었다.
거기에 상하수도와 자동 화장실도 갖추었다.
이만하면 강남 집값이 암만 올라도
노숙자 되어 서울역 지하도에 낮밤을 자도
아무 걱정이 없는 내 몸이 집인 나를 만들었다.
디오게네스가 왜 그토록
햇볕 하나만 있어도 행복했는지 알겠다.
사람들은 물건을 내 몸 같다고 말하면서도
아직 진짜 사람마음이 담긴 것은 내놓지 못했다.

바람

빠져나갈 구멍을 제일 잘 아는 것이 바람이다.
바늘구멍 만한 틈만 있으면 귀신같이 샌다.
바람은 용케도 구멍이 막힌 여자는 찾지 않는다.

밤송이

아무도 범접 못할 창으로 촘촘히 무장하고 있는
저 돌멩이 같은 비밀이 궁금해 그 속을 보려고
너무 서둘러 헤집거나 까지 마라.
제철이 되면 그 우주의 견고한 고집도 자연이 된다.
홀딱 벗고 냇가에 뛰어든 아이같이 알몸이 된다.

백두와 한라

한때는 혈기왕성한 아버지의 활화산이었다.
그 불에 담금질하여 태어난
단군의 자손인 줄 알았다.
아니다. 어머니의 백두 한라 쌍젖 같은
산자락 밑에 그 젖을 빨며 커온 우리들이다.

벌거숭이 방문

내 시극집 '벌거숭이 방문'의 표지화를
한때 '삼국유사'에서
그림 소재를 많이 가져온
이만익 화백에게 부탁해 넣은 적이 있다.
이 화백은 내용에 맞게
해와 달이 뜬 암자에 있는
노힐부득과 달달박박 스님을 그려놓고
그 사이에 한 아주머니 보살을
엉거주춤 세워 놨는데
몇 십 년 전의 일이라 보면서도
그 엉거주춤은 자세가 왜 좋은지도 모르고
무심히 그러려니 그냥 흘려버렸다.
소변발로 득도한 것 같은 보살
동해바다를 채우고 남을 공양물은
두 스님 중 누가 받으시려는지
작고한 이 화백에게 물어볼 것을
앗차 깜박한 것이 못내 아쉬웠다.

별나라

노을이지고 집집마다 저녁 등불이 켜졌다.
내 사는 이 지상이 아름다운 별나라다.

보란 듯이

물기 하나 없는
퍅퍅하고 메마른 흙을 뚫고
화분에서 무슨 기적처럼 초록 싹이 트고
달맞이 꽃 한 송이가 피어났다.
보란 듯이, 보란 듯이
척박해도 꽃을 피울 수 있다며 웃었다.
너무 놀랍고 감격해서
저절로 박수 쳐지도록
어쩌면 저리 사는 것이 예쁠까
밀리기만 하며 사는 내 인생.
아무리 어렵고 힘들어도
누가 보는 이 없어도
나도 혼자서 북치고 장구 치며
보란 듯이, 보란 듯이 꽃피고 싶다.

봄눈

겨울보다 더 겨울답게
자 폭이나 눈이 왔다.
봄눈이라선지
녹는 것도 어느새 녹는지
스르르, 스르르 봄잠 쏟아지듯이
꾸벅거리며 녹았다.
겨울 내내 냉기류 돌던
내 여자도 풀려 봄 개울 흐르듯
졸졸 소피를 본다.
그 소리에 잠에 취하여 다시 겨울을 잔다.

부지깽이

마음속 뜨거운 점 하나 찾듯
아궁이를 부지깽이로 헤적이다
그 끝에 묻어나는
아련한 불기운 같은 연기는
진달래꽃 피면 기다려지는 사람 없어도
기다려졌던 사람이나 있는 듯이
괜히 붉고 서러왔던 열여덟 내 마음이다.
사그라져 들어가는 부지깽이다.
열여덟도 그렇고 아홉도 마찬가지였던
더디게 가서 아팠던 봄날이여.
나는 여직토록 사춘기의 허울을 못 벗어나
검게 탄 찌든 때인 부지깽이로
여자 아궁이나 쑤실 궁리하며
늙은 주책보다 젊은 망령이 나서
쓸모없는 부지깽이로
젊은 날에 가졌던 고질병대로 산다.

2부 즐거운 비명

부채

벽에 걸어놓은 부채가 갑자기 분주했던
지난여름이 생각나는 듯 가을바람에 펄럭거린다.
정지된 사물인 줄 알았는데
바람 때문에 죽었던 사물들이 살아나는 것 같아
평상시였던 마음이 가끔 놀라기도 한다.
바람이 죽은 생명도 살리는 것인가.
어릴 때 죽은 새를 감싸고 살리려고
그 똥구멍에 바람을
간절한 기도처럼 분 적이 나에게는 있다.

비의 블루스

우리네 같은 평민들에게
빗소리도 우아한 왈츠보다는
한 사내가 홍등가의 계집의
어디를 만졌는지 까르르 교성嬌聲도 들리고
때로는 숨넘어가는 블루스였으면 하네.
쇼팽의 비의 왈츠만 비 값을 하느냐.
개인 날 공원에서 만난 그녀와 나는
갑자기 쏟아지는 비에
서로의 가슴을 맞대고
보란 듯이 밀착된 블루스를 추었다.
서로가 젖어드는.
젖어들면 즉흥을 따라 들어가야 한다.
슬로우한 율동 곁에 급템포의
비를 소화할 해우소가 보였다.

사람

사람은 어차피 사랑해야 살고
사랑은 그 사람의 마음을 채워주는 것이니까
사람이나 사랑은, 사랑이나 사람은 같다.
달달하게 녹고 쪽쪽 빨리는
알사탕 같은 사람이 되고 싶다.

사랑

살아 있을 때는 남들 앞에서나
아내의 면전에서 입속에 아끼면서
그렇게 못하던 말 한마디
'사랑해.'
그녀 떠나고 시도 때도 없이
아무 여자만 보면 철면피처럼
마구 쏟는구나.
사랑이란 말이 아무리 좋다 해도
가려서 쓸 일이다.
사랑은 사람 자체를
철없는 바보로 만드는 거 같다.

산수유

고사목이 다된 산수유가 어디서 물이 올랐나
봄의 온 기별은 용케도 귀신처럼 잘 알아서
(살아온 세월이 있으니까)
꽃피고 열매 맺고 새잎도 돋았다.
늙었어도 할 짓은 다했다.
주책 망령이라고 누가 혀를 차랴.
산수유야 늬가 봐도 늬가 예쁘고 기특하냐.
그래서 몸 가득 꽃으로 치장하고 열매를 달았느냐.
늙은 내가 있는 그대로 너를 보아도
이 봄이 너에게는 마지막으로
꽃을 다는 봄이더라도
죽을 때까지 너무나 곱게 늙어서 고맙구나.

삼림

시베리아의 혹한의 겨울을
곰 같은 나무들이 지키고 있었다.
그 속에서 배겨나지 못할 것 같은
추위를 이기며 사람도 살고 있었다.
나는 외롭다가도
살고 있다는 것을 생각하면
외롭지 않았다.

삼한사온

살면서 실감나게 믿었던
말들의 교과서
살면서 입에 달고 다니던
말들의 신조
어렸을 적에는 삼한사온이라
자주 입에 담았는데…
사라진 옛날이 됐다.

섬

섬은 내 곁에서 늘 그리움으로 떠돈다.
내가 외롭다 하면 섬은 외로운 것이고
기쁘다면 기쁜 것이 섬이다.
마치 내 아내 같다.
올망졸망 낳은 내 자식 같다.
그러면서도 마음대로
내 손아귀에 들어오지 않는 것이 섬이다.
한 번 섬이 되면 붙박여
종생 뜰 줄 모르는 것이 섬이다.
섬은 마치 못 박인 혈연 같다.
내력이 아니면 가족력家族歷이 있는
허약한 체질에 한약 한 첩 쓰듯
할아버지의 한약방에서 늘 은은히 떠도는
향기 같은 것이 섬이다.

섬 꿈

섬에 사는 사람들은 태아처럼
양수 같은 바닷물에 갇혀 꿈을 키우며 자란다.

성묘를 하면서

아버지, 마지막으로 며느리에게
놋쇠그릇 한 쌍마저도 넘겨주며
내년 명절부터 제사상을 차리라고 했습니다.
아버지께서 영면하신 연세가 예순이셨는데
소자는 올해로 여든하고도 한 살입니다.
죽을 때까지라는 말은 마음뿐입니다.
기력이 딸려 더는 못하겠습니다.
아버지보다 더 오래 살은 제가 죄인 같습니다.
墓燈 곁에 같이 심은 상수리나무는
각자 제 갈길 있는지 내모르노라
나이를 가늠할 수 없도록 울울창창합니다.
상수리나무를 빗대어 아뢰는 것을
용서하십시오. 용서하지 마십시오.

성찰

식탁 위에 시들어 죽은 꽃병 속의 꽃들을 볼 때마다
내다버려야 하는데, 내다버려야 하는데 하면서도
쓰레기가 된 꽃들을 그대로 두었다. 내 몰골 같아서였다.
그렇지 않으면 언제 저 꽃들에게서 나를 보겠느냐.

세월

율리시즈의 시간은
고향으로 가는 더딘 시간을
일거에 정리하듯
명궁의 화살로 적중시킨 시간이다.
세월이 화살 같다는 말은
아마 여기서 나오지 안했을까. 사람들은 살면서
너무 굼떠서 오히려 애가 터졌던
긴 시간들의 악몽을 다 잊고
늙는다는 것이 무엇을 뜻하는지
실감이 없어서
고통이나 아픔을 잊듯이
세월이 그저 빨리 흐르기만 바란다.
그러나 좀 이런 생각은 안 드는가.
사람이란 태어나서 살다
세월이나 시간 따위와는 상관없이
목숨이 다하면 자연으로
그냥 죽는 것이다.

소

소가 웃는 것을 본 적이 없다.
이중섭의 그림의 흰 이를 드러낸 소가
웃고 우는 것인지 울고 웃는 모습인지?
소에게는 자고 날 새면
죽을 때까지 일, 일뿐이다.
그 어깨에 짊어진 멍에 같은 팔자다.
그런 소가 도살장 끌려갈 때
죽는 것이 싫어서 눈물 흘리는 것을 봤다.
혀가 빠지게 일밖에 없는 삶이
뭐가 좋은지 죽기 싫어 우는 것은 봤다.
사람이나 짐승이나 죽음 앞에서는
하나같이 발 빼고 싶다.

소나기

바람만 안 불면 행진하는
나치 병사의 군화 발자국 소리처럼
질서정연하고 시원스런 소나기가
갑자기 광폭하게 쏟아진다.
질서가 없으니 법도 없다.
마치 귀머거리 베토벤이 피아노 건반을
양철지붕처럼 때리는 거 같다..
전쟁통에는 군가가 유행이듯이
폐허를 휩쓰는
휘파람 같은 바람 탓 때문이다.
아닌 밤중에 날벼락이라고
느닷없는 소나기.
드럼을 쳐도 양철통 소리.
탈이 나면 다 네 탓 내탓 하기 마련이다.

소독

누군가 초인종을 누른다.
누구에요 물으니
꿈이지만 예쁘장하게 생긴 여인네가
소독이어요, 소독하며 덤벼들 듯 들어와서는
늙은 나에게 소독해 줘요 한다.
무슨 말인 줄 잘 알지만
퍼뜩 나를 소독해 주겠다는 건가라는 생각이 든다.
하긴 어디서나 송장냄새가 솔솔 풍기는 나이니
소독할 만하지.

숙취

어디서 잘못 배운 술인지 모르지만
나는 술버릇이 나쁘다.
혼자서는 술을 절대 안 먹지만
가까운 친구와 마시는 술에 흥이 오르면
내가 앞장서서 일 배 일 배 부일배가 아니라
한 병 한 병 또 한 병이 된다.
내일은 죽어도 좋다며 술을 마신다.
그리고는 술을 이기지 못한 이튿날은
아이고, 아이고 내가 간다는 영어 같은
그 신음 속에 열물 쓴물 단물을 다 토한다.
거기에 어머니인지 어머나인지
분간 못하며 찾는 어머니도 반드시 계시다.
그저 지나가길 바랄 뿐 약이 없는 숙취.
그리고는 좀 원상 복귀되면
돌본 마누라에게는 미안했는지
일평생 못 버리는 거짓말 금주 맹세를 하며
당신 보며 사는 것이 내 유일한 소망인데
못보고 죽는 줄 알았다고 입을 뗀다.

숲

울울창창한 숲속에서 초록만 보았는데
자세히 보니 곳곳에 사람이 있었다.
짐승 같은 사람이 있었다. 숲의 마음에서 보면
사람이나 짐승이나 다 같은 미물이었다.

시인

항구에 작은 전마선이라고 떠있는 것을 보면
왠지 출항할 내일의 꿈에 부풀 듯이
아무리 하찮은 시라도 내가 쓴 자식 같은 시니까
언젠가 일확천금의 명시도 쓰겠지
자기 꿈을 버리지 못한 선주가 시인이다.

농부가 밭 갈듯이 바다에서 해녀가 물질하듯이
시인도 돈 안 되는 시지만 천직처럼 시를 써야 산다.
기약 없는 믿음 하나만으로 사는
사람으로는 시인을 따라갈 자가 없다.

실종

죽음에의 존재로서의 나는
죽음도 이웃들에게는
실종으로 알려지고 싶다.
겨울나기 요량으로서
스스로 철새처럼 한 철을
따뜻한 남국으로 여행가
슬며시 사라져버린 죽음이고 싶다.
내 고향 바닷가 같은 데로
내 고향 주문진 바닷가 같은 데로…
그리하면 나는 죽은 것이 아니라 실종된
어딘가에 아직도 살아있을지도 모르는
신비한 고향의 시인으로 남으리라.

아물다

마누라가 없고부터는 나도 모르게 스스로
자연히 여자들의 관심거리 남자로 변해 있었다.
마음이건 몸이건 상처가 있는 사람들은 하루바삐
새사람처럼 상처가 아물어 잊히기를 바란다.

오이

혼자 사는 영감에게 한 여자가
오이 한 상자를 보내왔다.
너무 많은 것 같기도 하고
또 지나는 인사치레로
너무 많이 보냈다고 하니까
미용에 좋다고 잡숴 보란다.
다 늙은 영감에게 미용이라
냉장고에 넣고 먹어보니
안 먹어봐서 그렇지 먹을 만하다.
오이시, 오이시 일본말이 저절로 나온다.
물맛이라고
못 먹고 안 먹어 봐서 그렇지
한 여름에 시원한 오이를 보낸 여자처럼
상큼상큼 아삭아삭 씹어가며
사랑하고 싶어진다.

운주사 와불 사랑

한 백팔 계단은 좋이 넘어 보이는
산마루를 올라 가쁜 숨 쉬며 그녀와 본
한 쌍의 운주사 와불.

그날부터 그녀는 나만 보면
산등성에 올라 맛보는
청정열반淸靜涅槃, 그 클라이맥스를 위해
와불처럼 자꾸 눕자고 한다.

와불님, 제 나이 팔십도 넘어서
세상에서 제일 편한 게 눕는 거라는데
제게는 그 일이 제일 힘듭니다.

유성

자가용 뒤꽁무니에 매단 깡통처럼 신혼의
별 마차 한 대가 긴 꼬리를 길게 끌며 간다.
그 꼬리에 꼬리가 아닌
얼마나 많은 꿈을 매달아 왔던가.
눈 깜박할 새 모든 것이 사라지는 삶에서
그래도 여운처럼 꼬리를 끄는 것이 아름답다.

유아독존唯我獨尊

먼저 앉는 놈이 임자라는 듯
누가 손가락질 하던 말든
서로 앉겠다며 자리다툼하는
세상이다.

풀잎자리인
연잎 위에 조용히 앉으신
부처님

그것도 자리라고 비바람 들이쳐도
내 모르노라 시침 뚝 따고
천연스럽게 차지한 청개구리.

부처님은 앉을 풀잎깔개도 없네.

임종원臨終願

구름 침대에 누워 휘파람 불며 가볍게 갔으면 하네.

죽어 이러쿵저러쿵 구설수에 오르내리지 않고

밤하늘의 유성처럼 소리 소문 없이 사라지고 싶네.

아니 이 땅에서는 평생 풀 뜯으며 염소처럼 지냈으니

다음 생은 바다에 묻혀 푸르게 물장구치며 살고 싶네.

강우식, 너 평생 시 써온 꿈이 이 임종원 한 줄이었구나.

저녁 화두話頭

사는 날의 어느 저녁 무렵은
하도 고요하여서 개뼈다귀 같더라.
세상이 너무 고요하여서
마침 섭섭이라는 이름으로 키우는
개에게 먹이로 잡 뼈다귀를 휘익 던지며
천당 갔다 오거라 하니
그 사이 어차피 그리 오래 살 인생도 아닌데
노을은 소리 소문 없이 지더라.
이 땅의 권력 쥔 자들
자손만대 부귀영화 누리려
너무 해먹어서 싫더라.
어머니, 어머니 우리 어머니
제가 권하오니
아무리 어머니라도 두 번은 싫고
슬하에 자식 오형제를 낳아
무사 무탈하게 사랑으로 기르듯이
먹 도적질을 안 하는
대통령에 출마 딱 한 번 해 보시죠.

조용히

살아있을 때 힘쓰느라 아득바득하지
사람들은 목숨의 끝에 가면 다 조용해진다.

공원 벤치에 앉아 한가히
담배 한 대를 피우려는 것보다 못하다.

죽음에의 순응이 정말 아무 소리도 없이
나뭇잎 하나가 떨어지는 거와 같다.

어차피 다 흙이고 물이고 티끌인데
아무 데나 떨어진 뒤끝이면 어떠랴.

하지만 지금 내 앉은 곁에 떨어진
갈잎 하나
내 한 생의 홀가분함을 예시해 주는 듯하다.

주문진 사람들

내 고향 주문진 사람들은
멸치 대가리조차 보기 힘든 바다와 같다.
어판장이 마른지 몇 십 년이어서
무슨 놈의 바다라고 욕질하면서도
시간이 나면 터진 그물코를 깁고
바다의 흉년을 털 듯
만선인 듯 빈 그물을 파도처럼 탁탁 털며.
하도 기가 막혀 파도처럼 웃는다.
흰 이를 드러내고 성내면서
바다를 못 버리고 사람 좋게 웃기도 한다.
그래 바다야 그물로 늬 자궁 바닥의
잔챙이까지 다 긁어간 내 잘못이 크다.
이러다 처자식 다 굶어 죽이겠다.
바다야 파도야
이제 세월도 녹쓸 만큼 흘렀으니
늬 신생의 자궁을 열어다오.
옛날처럼 오징어 따라온
개복치도 묵맛이라며 한 번 먹어보자.

죽마고우竹馬故友

젊었을 때는 곁에 말 걸 상대라도 없으면
세상 혼자 떨어져 사는 거 같아 싫었다.
그것보다는 늙으면 더 외롭다 하는데
딱히 그렇지는 않다.
늘 곁에 누군가 있는 것 같다.
둘러보니 없긴 없는데 있는 것 같다.
가만히 보니 죽음이다.
당연히 죽음이 날 데려 갈 테니
외톨이로 살아 고독하여도 두렵지 않다.
왜 그런가 생각해보니 미리미리
죽마고우처럼
죽음에 대한 마음의 준비가 되어 있어서다.
사람이니까 죽음도 죽마고우라 부른다.

즐거운 비명

김장철이 되니 재래시장에
아주머니들이 개미떼 같다.
한결같이 겨울철 김장이 번거롭고 큰일이란다.
독거노인 내 눈에는
모두가 가족이 있어 치르는 행복이고
아줌마들의 울면서 웃는 비명이다.
마치 성모마리아의 즐거운 비명 같다.
배추에 소금을 뿌려 절이고
고춧가루 뿌려 꽃을 만드는
이 땅의 아주머니, 새댁들
새댁들은 마트에서 사서 먹는 게 대세라 했던가.
하더라도 김치는
세계 어딜 가나 우주머니, 글로벌 돈 된다.

천국

우리는 죽으면 흙으로 간다.
아니 더러는 바다에 가거나
큰 나무 아래 묻기도 한다.

천국은 어디인가.
죽어서도 묻힐 수 없는
하늘나라다.
그저 듣기 좋은
말로만 좋은 데라고 하는
고운 거짓말이 바로 천국이다.

천지天池

불이었던 가슴이 압록강 눈물이 되었다.
한강 물바다가 되었다.
이 땅의 백성들의 하늘 못은 애초에는
의병의 함성과 불길로 솟구치던 화산이었다가
왜 지금은 분단의 눈물로 글썽이고 있는
백두고 한라인가. 한라의 한쪽 가슴은
하도 애 말라 젖도 말랐는가.
너와 나 모두는 한이 서린
그 아픈 사연을 안고 사는 꼭두머리다.
그 꼭두머리에 오늘을 잊지 말라며
무지개가 섰다. 저 무지개야 뜬구름 잡는
하늘에만 있지 말고
내 가슴에 내려와 좀 피려무나.
백두에서 한라까지 일사천리로 내닫는
심야에 질주하는 눈먼 차량 같은
과속 위반 딱지일랑 얼마든지 떼도
좋은 기적은 어디서 불쑥 안 솟아나나.

초록 순간

지리산 피아골
파르티잔이 득시글대던 골짜기에서
초록이 너무 좋아
초록 같은 여자를 사랑한다고 고백했다.
사상만 있고 사랑이 없던 당신
정말 사랑은 기적인지
그녀가 순간에 불난 빨강에서 초록으로 변했다.
좌니 우니 무슨 물 드는 거 질색인 그대
여자가 신발을 거꾸로 잘 신는다고 하지만
문수에 맞는 신발이어야
거꾸로라도 신고 내빼겠지.
초록 일색인 지리산 때문인가
거짓말처럼 순간에 초가집 지붕에
아침밥 짓는 안온한 연기가 피어오른다.

초콜릿

세상 모든 견고한 것들이 다 스르르 녹아버리는
하나님께서 오셨다 가신 기분. 이것 한 덩어리면
행복한 불행, 불행한 행복 무엇이든지 다 만든다.

추천사鞦韆詞

하늘이 그리워 하늘을 갖고파
비행기가 없던 시절에도
초록나무에 그네를 걸고 꿈을 찾아
왔다 갔다, 첫날밤 치르듯
푸르른 하늘로 내닫던 사람들이다.

춘향이만 그네를 타란 법 있다더냐.
향단이도 곱단이도 비렁뱅이 꽃제비도
하늘바다로 배를 밀 듯이 그네를 타듯
조마조마한 마음으로 처음 하늘을 날아
탈북해 오는 사람들이다.

파도

밤새 떡이 될 때까지 뒤집히며
여자가 죽여 달라고 운다.
아니 바람이 잘 때까지 나도 운다.
배 뜰 시간은 다가오는 데 섬은 멀다.

파도 인생

태어나 술에 물탄 듯 물에 술탄 듯
맹물에 젖어 흘러온 일상이다.
나도 한 번쯤은 목숨 값으로
적폐청산 하듯이 파도가 되어
확 뒤엎어 새판을 짜고 싶었다.
그나마도 잘 안되면 파도가 하듯이
시소를 타거나
두 번 세 번 줄넘기를 하여
나름의 세상을 큰소리치며 짜디짜게 사는
흰 포말의 소금물이 되고 싶었다.

파도 희롱조

세상을 뒤집을 듯
그저 소리만 질러대면 제일인 줄 아는
무식한 잡놈 같다.
왔다간 가고 또 간다.
스무 살 무렵에 끈질기게 사랑하는
여자 집으로 다니던 내 발걸음 같다.
바다도 대책이 없어 파랗게 질린다.
아무리 물먹어 보라고 들이밀어도
계집은 줄 듯 말듯 하다가
신발 거꾸로 신고 줄행랑치고
믿을 게 없는 세상이라고
무조건 그저 흰 거품만 뿜으며
네 활개 치는 나는
세상물정 쥐뿔도 모르는 파도였다.

페이스 북

나도 꾼이라고 낚싯줄을 던지고 앉아 있다 보면
수없는 고기들이 내 밑감이 맛있다고
문 자신을 꽉 문 채로 놓지 말아달라고 집적댄다.
그 유혹에 걸려들면 나도 어느새
나도 모르게 친구라는 미끼가 된다.
친구하자는 말이 상하는 물론 성 차별도 없이
언제 나를 봤다고
이렇게 허투루 나도르니 기막힌 세상이다.

푸른 눈동자

감았다 뜨는 눈동자만 어이 사랑하리.
인생은 일장춘몽이더라도
떴다 감는 것도 사랑하리.
이오니아바다를 가지고 있는 여자를 사랑했다:
사랑은 자연이었고
눈물은 천연한 팔자였다.
죽음이 올 때까지
모든 것이 아름다운 흔적이다.
진실로 울 줄 아는 여자를 만나 사랑했다.
눈만 뜨고 살려는 여자는 무섭다
나는 여자의 눈동자에 바다가 담겨 있는지
그 해변에 적당한 벤치도 있는지 보고 사랑했다.
나는 여자를 내 삶의 휴식처럼 사랑했다.

하나님의 빵

하나님이 가지고 다니시는 빵은
일용하시기에 아주 편한
사랑이라는 보통 빵인데
이 빵을 펼쳐놓으면 엄청 크다.
클레멘타인의 바다 만하다.
크레바스가 없는 설산 만하다.

빵이 크니까 사람들이 모이고
많은 사람들이 그 빵 곁에 와서
영양 빵이라며 뜯어 먹는다.

오늘 아침 하나님의 대리점 목사가
빵을 가지고 남의 아내를 간하고
마침내는 하나님의 말씀에도 없는
사람 목숨을 스스로 거두는 것을 봤다.
양심은 죽는 양심뿐이다.
늘 무슨 빵이던 빵 터지는 빵 때문에 문제다.

하늘색 물색

산이 물속에서 몸을 씻고 있고
길 없는 하늘길을 찾아 잠기고 있다.
내 마음이 푸르러서인가
어디가 하늘이고 어디가 바다인지
눈이 부신 비취빛의
푸르른 하늘색 물색도
상시 그 바탕은 희다.
이 땅의 백성들은 믿음이 있어
백의민족으로
합심하며 철석 같이 살았다.
하늘이 있어 기도도 할 수 있었다.
물이 있어 그 물에 기대어
관수청심觀水淸心의 마음을 키웠다.
천성이 그러한 조화여
누가 일깨워 준 것도 아닌데
믿고 사는 게 그러하다.

하루라도

내 평생 가장 잘한 결정은
누구의 말도 듣지 않고
스스로 죽음이 올 때까지
아등바등 악착스럽게
이제까지 살았던 날보다
하루라도 더 살아보려고 한 짓이다.
잘한 일이든 못한 것이든
인생은 충분히 그럴 가치가 있으니까.
하지만 나는 분명히 너무 잘 안다.
그 하루가 더 살아지더냐.
무슨 노래와 시를 가져다 더 붙이랴.
그 하루가 내 숨진 날의
바로 그 하루 뒤일 뿐이다.
어떤 하루든 하루는 모든 날의
그저 평범한 하루이지만
죽음을 자꾸 파도처럼 밀어내는
하루. 하루가 따로 있다고 믿으며
더 큰 하루를 갖고 살아왔다.

해파리

하늘에서 해파리가 하강할 줄
누가 알았으랴.
하늘바다의 파라슈트다.
노르망디 해변에 쏟아지는 눈발이다.
늙은 백인병사의 입시울이 가늘게 떨린다.
지상은 죽음을 눈앞에 둔 바다와 같다.
어디에 내려야할지 해류와 같은
바람은 종잡을 수 없다.
손자병법이나 육도삼략도 필요하리.
이 너른 세상바다에는 흐느적이면서
여유가 있는 것처럼 보여도
적당한 삶은 없다.
해파리로 살면 얕보고 덤비는
포식자도 많으리.
함정은 늘 가지고 다녀라.
물렁해 뵌다고 덜컹 입에 물다간 다칠 것이다.
늙은 해파리가 가진 독에는 약이 없다.
독을 약처럼 쓰기 때문이다.

餘滴

손바닥 시와 書畫 이야기

한평생을 詩田을 일구어 왔으나 한 번도 흡족할 만큼 풍년이 들은 적이 없었다. 늘 가난하고 배고프고 목마른 편이었다. 그러면서도 할 줄 아는 것이 시뿐이어서 가난도 팔자려니 하며 살아왔다. 한편으로는 한 번 그르친 인생 팔자 고치기는 다 글렀으니 죽기 전에 시나 어느 정도 마무리하고 이승을 떠나자는 욕심이 생겨서 한 10여 년 전부터 매년 한 권씩 시집을 내는 일을 기획하고 열중해 왔다. 해마다 시집을 가진다는 일이 나 같은 사람에게 어디 가당키나 한 일인가. 그렇다면 이제까지 시 쓰기를 업으로 하며 고민하고 괴로워하며 살아오지는 않았을 것이다. 시 쓰기란 애시 당초 나에게는 십자가를 지고 골고다로 가는 예수나 속죄양적인 헌신은 아니었다. 내게는 지극히 개인적인 일에 국한되어 있었다. 한두 편 만드는 재미가 들다보니 어느새 점점 깊어져서 마침내는 몰입의 지경까지 오게 되었다. 아편이 되고 말았다. 나는 시 쓰면서 이제까지 끊임없이 참회하고 때로는 처절하게 절규하기도 했다. 원죄의 알몸으로 적나라하게 배회하기도 했다. 시는 타고난 팔자다. 천형 같은 팔자요 소관이다. 나에게 소망이 있다면 나다운 목소리와 티를 내는 것이었다. 죽기 전에 내 목소리가 깃든 누가 읽어도 시인 강우식의 냄새가 묻어나는 시집을 갖고 파서 이 시각까지 시 작업에 몰두하고 있다. 시간은 유한하고 주어진 기회는 나에게 별로 많지 않다. 시간이 있다한들 마음에 드는 시를 만들 재주는 있는가. 이 시간을 어떻게 소비할 것인가. 늙은이의 어리석은 궁리가 마침내 일을 저질렀다. 일의 시작은 이러했다. 시집을 낼 동안에는 내 생명을 주관하시는 하나님께서도 설마 나를 저 세상으로 데려가지는 않겠지 하는 믿음으로 열심히 작업에 매달려 왔다. 나는 그래서인지 시집을 내는 10여년을 고맙게도 아직 건재하고 있다. 고마운 것은 하나님보다 시집을 펴낸 시를 꾸준히 써온 내가 내 자신에게 고마웠다. 그래서 佛家에서는 一切唯心造라는 말도 생겨났나보다. 어쨌든 금년은 예전과 시집을 내는 작업이 좀 달랐다. 시집의 끝에 매다는 잡문이 영 쓰기 싫었다. 여적이라 하여 몇 마디의 蛇足처럼 산문을 실었는데 이것조차 끄적이기 귀찮았다. 늙어 게을러서다. 힘이 없어서다. 금년은 유달리 더워서 찬바람 돌면 쓰자 했는데 정말이지 팔월 중순을 넘기니까 날씨도 선선해져서 이제 쓰기 시작한다.

이번 시집의 특색은 掌篇詩다. 나는 장편시라기보다 손바닥 만한 시. 부르고 읽기 편하게 우리글로 하면 '손바닥 시'다. 이 시집에서는 손바닥 시로 쓰기로 한다. 우리에게 문학용어로 掌篇小說이 있으니까 장편소설의 대칭으로 편하게 장편시라 하면 되겠다. 掌篇小說은 문학용어 자리 잡아 왔어도 掌篇詩 형식은 본 일이 없다. 아마 그 까닭은 형식의 길고 짧음에서 오는 문제라고 여겨진다. 소설은 분량이 몇 권씩이나 써 나가는 장편대하소설을 비롯하여 장편소설, 단편소설 등이 있다 보니 자연히 짧은 이야기를 담은 형식의 掌篇小說 즉 꽁트라는 형식도 필요했을 것이다. 하지만 시는 형식 자체가 짧으므로 굳이 그 틀이 짧을 필요가 없었으리라. 긴 형식이라 일컫던 서사시는 세월이 흐르면서 소설로 흡수되고 오늘날에는 이름은 있으나 거의 사멸되었다. 시는 문학의 한 영역으로서 소설 보다는 고도로 압축을 요하는 언어의 특성을 살린 짧은 형식을 시의 한 생명으로 삼아오고 키워 왔다고 본다. 우리 현대시에서 내용면에서 吟風弄月을 입에 담기를 기피하고 50년대에는 난해시류가 관심을 가졌던 것들이 그 한 예다. 나는 이제까지 나름대로 4행시를 위주로 2행시집도 낸 바 있고 시조가 아닌 자유시 형태의 3행시집도 가졌으며 1행에서 10행까지의 시를 묶어 짧은시 형식의 거의 마무리 편으로 엮은 바가 있다. 이때의 짧은시의 영역을 말하면서 英詩의 소네트 운운한 바 있는데 그런 의미에서 소네트보다 行이 좀 기니까 掌篇詩는 좀 확대된 면이 있다. 여기서 짧은시란 18행 이내의 시를 의미한다. 소박하게 시집의 한 페이지를 넘지 않는 시를 말하며 이름을 넓은 의미에서 2행, 3행, 4행 기타의 짧은시를 아우르는 것으로 범박하게 통용하면 어떨까 한다. 또 자유시와 短詩라 내가 스스로 일컬어 온 10행을 넘어선 미묘한 단계를 掌篇小

說에 빗대어 掌篇詩라 하면 어떨까 하는 생각에서 만들어온 시다. 근일 우리 시단의 흐름도 짧은시 쪽으로 가는 경향이 있어 넓게 사용해도 괜찮지 않을까 하여 내보인 의견이다. 굳이 掌篇詩의 형식을 말하라면 사륙판시집의 한 페이지를 넘지 않는 詩. 손바닥 만한 詩. 손바닥 만한 자리에 써도 좋을 내용과 형식을 갖춘 詩. 掌篇小說의 대칭으로 掌篇詩도 필요하다고 보아 단 의미다.

이번 시집『죽마고우』의 표지에 그림을 실은 것은 나름의 까닭이 있다. 이 그림은 내 집 거실의 한쪽 벽에 있는 걸개식 작품이다. 1989년 내가 처음으로 중국땅에 발을 디딘 인연 때문에 소장하게 되었었다. 화가의 이름은 申少君이다. 계림의 무슨 대학의 교수로 재직하는 화가라고 했다. 1989년 나는 노신문화재단기금을 받고 대만 정치대학에 1년간 교환교수 명목으로 나갔었다. 이때는 중국과 우리와는 국교가 개설 안 된 시절이었다. 그 무렵 죽의 장막이라는 중국이 조금씩 개방의 문을 열기 시작하는 시기라 나로서는 그 대륙의 문물 사람들이 어떻게 사는지 여간 궁금한 게 아니었다. 대만에서 내가 중국에 갈 수 있는 방편으로는 우리 대사관에 학술목적으로 중국 비자를 신청하고 그 비자가 나오면 대만 사람들이 본토로 들어가는 편에 어울려 가는 길 뿐이었다. 대만 사람들도 探親

旅行의 명목으로 이제 막 중국에 발을 디디던 때였다. 탐친 즉 중국에 사는 친척들을 찾아 가는 여행이었는데 나도 그 편에 섞여 들어갔다. 홍콩을 거쳐 상해 남경 소주 항주 계림 등을 돌아보는 여정이었다. 하늘에는 천당 땅에는 소주항주 그리고 계림산수갑천하라 일컫는 곳이었다. 그 중 계림산수를 그린 화폭이 우리 집 거실의 다른 한쪽을 차지하고 있는 것으로 보아 아마 이 무렵에 신소군의 작품도 구했던 것 같다. 거실에 있는 계림산수 화폭은 이발소 그림이다. 거실의 벽이 허전해서 싸구려 그림이라도 채워 놓자고 구매했다. 값의 고하와는 상관없이 나에게는 漓江을 유람한 추억이 되니까 아직까지 그냥 걸어놓고 있다. 하지만 신소군의 그림은 나름 격이 있는 화가의 작품이라 여겨진다. 내가 묵었던 계림의 숙소의 로비 층 한 켠 열리고 있는 그림 전시를 구경하다 괜찮은 작품이라 여겨져 샀다. 사전에 작가에 대한 아무런 정보도 없이 우연히 들렀다가 즉흥적으로 구입했다. 즐겁지 않은가. 내 시집도 누군가 서점에 들러 뒤적이다가 즉흥이 솟아서 시나 한 수 읽어볼까 하고 사갔으면 좋겠다. 그림 속에는 수척한 어부가 조각배를 타고 피리를 불고 있는 것이 전부다. 수척한 어부처럼 구도는 작가가 의도적으로 주변의 수려한 산수를 극도로 배제하고 인물 중심으로 아주 단순히 그린 작품이다. 배를 띠운 강물조차도 몇 줄의 선으로 표현되어 있다. 있는 거라고는 뒤에 노인을 닮아 고기 잡을 꿈도 안 꾸고 있는 가마우지와 배 앞에는 술잔인지 찻잔인지 모를 잔과 주전자만 단출할 뿐이다. 아 그리고 또 있다. 화폭의 한쪽 구석에 그림하고는 전혀 상관이 없는 붉은 꽃 한 송이가 있다. 이 꽃은 왜 그려 넣었을까. 나는 이 그림을 그린 작가이거나 작가의 마음이라 상상해 본다. 비록 가난하지만 그림에 대한 열정이 붉은 꽃송이처럼 살아있는 마음의 상징이라 본다. 그리고 내가 좋아하는 畫題가 있다. 短笛無調信口吹다. 입으로 부는 짧은 피리의 가락에는 믿음이 없다는 뜻이다. 무조신 하다는 것은 믿음이 없다는 것보다는 자유롭게 마음 내키는 대로 아무렇게나 홍이 나서 내는 소리로 나는 이해되었다. 무조신은 누구를 본뜨거나 흉내 내는 것이 아닌 자기만의 소리를 가지고 내는 것이겠지. 나는 무조신이라는 말이 좋았다. 솔직히 그림보다 이 화제에 마음이 더 이끌였었다. 漓江의 흐르는 물결에 조각배를 띄우고 물 흐르는 대로 출렁이면서 유유자적하는 삶. 고기가 잡히면 어떻고 안 잡히면 어떠랴. 그 삶의 모습이 그대로 드러나는 그림이어서 좋았지만 30대의 젊은 기운이 살아있던 무렵의 나는 시인으로 마치려고 하는 자신의 삶도 저 노인 같았으면 하는 바람이 은연중 들기도 했다. 특히 畫題로 쓰인 앞 글자인 短笛이란 것도 마음에 썩 들었다. 단적을 내가 그 무렵에 집중해 試圖하던 4행의 短詩와 대치해도 딱 맞아 떨어졌기 때문이다. 누구의 흉내도 내지 않고 나만의 냄새가 물씬 밴 詩. 어딘가 수척한 노인에게서 보는 내 모습이다. 삶도 너무 물욕에 흐르지 말고 가난해도 시나 쓰며 살고 싶다는 내 모습을 보는 거 같아 이래저래 외국에 나가서 그림 한 점을 구입했었다.

시집에 그림을 표지로 쓴 일은 처음이 아니다. 詩劇集『벌거숭이 방문』을 내면서도 화가의 그림을 부탁하여 쓴 적이 있다. 지금은 고인이 된 이만익 화백의 작품이다. 이만익 화백과의 인연은 저녁이면 문인 화가들이 자주 모이던 관철동의 '낭만'이라는 맥주홀에 자주 드나들다 서로 알게 된 사이였다. 뒷날 알게 된 사연이지만 이만익 화백은 시를 매우 좋아하여 암송할 수 있는 시도 천여 편이나 된다고 했다. 노태우 정부시절 청와대에 시인들을 불러 시낭독회를 가진 적이 있었는데 그때 이 화백이 시낭송을 들은 적도 있다. 그토록 우리시를 사랑한 화가였다. 아무튼 그 무렵의 이 화백은 우리의 『삼국유사』에 나오는 설화나 일화를 가져와 향토색이 짙은 한국화를 그리기를 즐겨해 왔다. 마침 내 시극 『벌거숭이 방문』도 『삼국유사』에 실린 노힐부득과 달달박박을 가져와 시극으로 만든 것이어서 이 화백의 그림을 받아썼으면 좋을 거 같아 부탁을 했더니 쾌히 주어서 시집의 표지화로 사용하였다. 시극이란 우리 시단에서는 매우 생소한 분야다. 현대시극으로 처음 선보인 것은 50년대의 장호의 『바다가 없는 항구』로부터 시작해서 홍윤숙 몇몇 시인이 작품을 보인 바가 있었다. 그 후 80년대에 들어와서 누구의 제안이었는지 확실치는 않지만 민예극단을 운영하던 연극 연출가 허규와 연계를 갖고 『현대시를 위한 실험무대』라는 시극동인을 결성하면서 한동안 시극 운동이 활발해 보인 듯했으나 그마저도 흐지부지 흩어지고 말았다. 시극 『벌거숭이의 방문』은 민예극단에서 허규 연출로 공연된 작품으로 후일 시극집으로 출간할 때는 또 하나의 시극 『들입날출』과 같이 엮어서 낸 나의 최초의 시극집이기도 하다. 마침 이번 시집 『죽마고우』에 「벌거숭이의 방문」이란 시도 한 편이 수록돼 있다. 이만익 화백의 그림은 그가 살아 있을 때 내가 지니고 있는 그림이 미완성의 초벌인 모양이어서 다시 유화로 제대로 만들어 주겠다고 했는데 내 게으른 천성이 차일피일 미루다 그걸로 끝나고 말았다. 내 그림에 대한 안목은 초짜 중에 초짜라 해도 좋을 터이다.

내 시극집 『벌거숭이의 방문』 표지화를

한때 '삼국유사'에서

그림의 소재를 많이 가져온

이만익 화백에 부탁해 넣은 적이 있다.
이화백은 내용에 맞게
해와 달이 뜬 암자에 있는
노힐부득과 달달박박을 그려놓고
그 사이에 아주머니 같은 보살을
엉거주춤하게 세워놓았는데
몇 십 년 전의 일이라 보면서도
그 꼴이 왜 좋은지도 모르고
무심히 그려려니 그냥 흘러버렸다.
소변발로 득도한 것 같은 보살
동해바다를 채우고도 남을 공양물을
두 스님 중 누가 받으시려는지
작고한 이 화백에게 물어볼 것을
앗차 못 물어본 것이 못내 아쉬웠다.

—시「벌거숭이의 방문」에서

또 내 집 거실에는 이만익 화백의 그림 옆에 나란히 걸려있는 붓글씨가 있다. 1971년에 한국문화예술진흥원 원장으로 계시던 시절에 써준 송지영 선생의 솜씨다. 송지영은 언론인이며 소설가였다. 아니 한학에도 밝은 분이셨다. 5.16 군사혁명 시절에 민족일보 사건으로 혁명재판에 회부되어 사형선고를 받고 8년간 감옥에 계시다 풀려난 적도 있다. 그보다 앞서 일제 식민지 시절에는 중국에서 대한민국 임시정부의 일을 보다 잡혀 일본 나가사키 형무소에서 2년간 복무하다 풀려난 이력도 있다. 나는 송지영을 떠올릴 때마다 문사로서의 올곧은 양심을 떠올릴 때가 많다. 글을 썼기 때문에 옥살이도 하고 풀려나기도 했다. 5.16 군사혁명재판에서 사형선고를 받았을 때 송지영은 국제펜클럽회원이었기에 사형까지는 안가고 형량이 줄어든 덕을 본 것으로 안다. 생사를 넘나드는 물굽이를 넘어서였을까. 평소에 뵌 송지영은 대인풍모의 너그러운 어른이었다. 처음 송지영을 본 것은 1982년 한국, 중국, 일본의 공동주최로 열린 제1회 아시아 시인대회가 열렸을 때였다. 한국에서는 김광림을 단장으로 연줄연줄 시인 이형기, 허영자를 비롯하여 십여 명이 참가했다. 장소는 타이베이였다. 여기서 우연찮게 공무로 출장온 송지영을 만나게 되고 힐튼호텔에서 점심을 같이 한 적이 있다. 그 후 문인들의 행사가 있으면 자주 보았다. 그때마다 내가 술을 즐겨하는 것을 알아서 술집으로 이끌어 가까운 친구들을 모아 합석한 적이 여러 번 있었다. 술집은 관철동의 비어홀 낭만이나 사슴 더 기분이 내키면 정주영도 자주 들르던 분위기 있는 술집 반줄에 가기도 했다. 송지영의 호는 雨人이다. 송지영 영감이 작고하고 나서 평소에 쓴 서예작품들을 모아 추모 전시회를 가진 일이 있는데 나는 이 자리에서 송지영과 가까웠던 대한 적십자 총재를 역임한 서영훈, 구상 등이 참석한 자리에서 추억담을 얘기하며 호를 들먹인 적이 있다. 雨人. 『수호지』에 나오는 송강의 호가 及時雨(때 맞추어 내리는 비)인 것처럼 송지영도 그러한 어른이라고 몇 마디 늘어놓은 일이 있다. 송지영 얘기를 너무 두서가 없이 늘어놓았다. 붓글씨 얘기를 하자. 나는 『삼국유사』 소재의 노힐부득과 달달박박을 가져와 시극을 만들고 시극집 『벌거숭이의 방문』을 내고 문예진흥원에 들러 한 번 읽어보시라고 송지영에게 드렸다. 아마 이 시극집을 일별했는지 여부는 알 수 없다. 그러나 젊은 시인이 우리 고전에서 소재를 가져와 시극을 만든 것이 좋게 보여선지 일필휘지하여 내게 준 것이 詩有同聲德不孤란 액자다. 잘 알려진 대로 『논어』의 德不孤必有隣에서 차용한 글귀다. 시에는 덕은 외롭지 않다는 말과 같은 소리가 있다는 뜻이다. 솔직히 나는 젊은 시절에는 서구의 시론이나 현대시를 흉내 내기만 급급하며 지냈다. 수많은 문학서적을 읽었으나 서구의 것이 대다수였다. 우리 고전이라고는 『삼국사기』, 『삼국유사』 정도를 알았으나 그것조차도 교과서에서 습득한 저자 이름을 외고 있는 한심한 수준이었다. 정말 대학을 나와서도 천박비재를 면치 못하고 어영부영 살다가 늦게 장가도 가고 호구지책으로 출판사에 다니면서 삼성출판사의 세계문학전집에 참여하고 다른 직장 도서출판 현암사에서는 『사서삼경』과 『한국의 명저』란 이름의 우리 고전을 만나게 되었으며 『최남선 전집』을 책임 편집하면서 우리 것에 대한 눈을 조금이나마 뜨게 되었다. 특히 이원섭의 『唐詩』를 만나게 된 것은 동양시에 대한 새로운 눈을 뜨게 된 새로운 지평이었다. 그리고 내가 출판사에 다니면서 수없이 만난 저명인사들 그들에게서 잠깐 잠깐씩 귀동양한 언사들 그것이 지금 떠올려보면 다 내 시 쓰는데 필연으로 다가온 감사한 인연이었다. 송지영의 글씨도 그러하다. 시유동성덕불고라는 말은 德이란 무엇인가 새삼 떠올리게 했다. 또 詩有同聲必有隣도 괜찮지 않을까. 아니면 德不孤必有詩도 좋지 않을까. 굳이 왜 시에 덕이 깃들어야 하는가를 곱씹게 했다. 넓은 의미에서 나에게 서양문학에 너무 몰입하지 말고 文學載道說的인 동양문학관이 가진 근본이라 할 덕을 베풀 줄 알고 덕이 있는 시인이 되라는 당부로 다가왔다. 그중에서 특히 우리문학 아니 우리 시가의 좋은 점을 잘 새기며 가라는 격려로 읽히었다. 좀 낡은 냄새가 날지 모르겠지만 나는 젊은 날에 너무 나대며 쓴 시들보다 늙어 요즈음 차분히 가라앉은 일상사를 시로 읊조리는 것이 좋다. 우리는 흔히 人德이란 말을 자주 입에 올린다.

나는 살아오면서 고맙게도 여러 사람들에게 인덕을 입으며 여기까지 시를 써올 수 있었다고 믿는다. 덕불고필유인 이웃이 있어 덕이 외롭지 않다는 것은 나에게는 시유동성덕불시가 있어 외롭지 않다는 것이고 시가 외롭지 않다는 것은 바로 人德 때문이라 믿는다.

시가 사랑이라면 나의 시는 기적처럼
혁명을 외치기보다는
푸르른 바다를 노래하려 한다.
그곳에 애달픈 내 사랑이
아가미로 숨 쉬고 있어서다.
아내는 죽어서도 나와 떨어지지 않고
고향바다에서 숨 쉬고 있을 거라는
내 시적 상상력이 그녀를 수장水葬케 했다.
아내가 저승 사람 되기 전이지만
작고한 소설가 송지영이
82년 세모에 내게 써준 붓글씨
시유동성덕불고詩有同聲德不孤
'덕은 외롭지 않다'라는 공자님 말씀 뒤에는
'반드시 이웃이 있다'는 필유인必有隣이 따랐는데

아마 송지영 영감이 내게 준 것은
고맙게도 내 시를 좋아한 아내를 비롯한
이웃이 있으니 열심히 쓰라는 덕담으로 여겨
내 시 쓰기는 여태껏 이어오나 보다.

—「나의 시」에서

내 집 거실에는 신소군의 그림 이만익의 그림 그리고 송지영의 붓글씨가 있다. 나는 이것들과 몇 십 년을 있는 듯 없는 듯 지내왔다. 유심히 보기보다는 그냥 무심히 보며 지내왔다. 그런 세월 속에 이들 서화와 정이 들고 나와 서화와 알게 모르게 하나가 될 정도로 애착을 가져왔다. 내가 서화를 거는 것은 그런 애정의 표시다. 끝으로 아이들 같은 발상이지만 내 나이가 올해로 여든 셋이다. 시집에 실린 시도 83으로 여기에 맞췄다.